Couvertures supérieure et inférieure
manquantes

LETTRE

A M. DE VOLTAIRE,

SUR SON ECRIT INTITULÉ,

Réponse à toutes les Objections principales qu'on a faites en France contre la Philosophie de Neuton.

Par M. Le Ratz de Lanthenée

M. DCC XXXIX.

ERRATA.

Pag. 14. lig. 23. proportion, *lif.* propofition.
Pag. 16. lig 27. Hugeus, *lif.* Huguens. *Ibid*, lig. 30. *lif.* après Defcartes, foit que ce foit Snellius.

LETTRE
A M. DE VOLTAIRE,
SUR SON ECRIT INTITULÉ,
Réponse à toutes les Objections principales qu'on a faites en France contre la Philosophie de Neuton.

Monsieur ;

Le Neutonianisme n'étoit que chancellant, & l'attente de ce que vous répliqueriez aux difficultés proposées contre ce systême tenoit en suspens le jugement de plusieurs personnes. On prétend que votre Réponse vient de le fixer ; puisque sa foiblesse fait sentir celle de la cause que vous défendez. Il semble, dit-on, voir un jeune Avocat, qui, passant légerement sur les moyens essentiels de sa partie adverse, n'en releve que les plus foibles, que ceux qu'on employe contre lui par surabondance de droit.

Si vous avez essayé toutes vos forces dans votre petite réponse, & si le Neutonianisme

A

ne peut être plus heureusement défendu ; c'en est fait, il est anéanti. Cependant comme le beau monde a une haute idée de votre esprit & de vos talens, dont vous lui avez donné tant de preuves, il pourroit croire, sans examen, que votre réponse, demeurant sans replique, seroit victorieuse & décisive. Je crois donc, par cette raison, qu'il est à propos de vous répliquer, de peur que ce beau monde ne tombe sur cela dans l'erreur. C'est donc pour lui, Monsieur, en quelque sorte, & pour vous aussi, que j'ai l'honneur de vous écrire cette Letre, & non pour nos Sçavans Géométres-Physiciens, pour qui je sens que mon Ouvrage est assez inutile. Je commence.

Quand on vous a objecté, Monsieur, que le milieu d'un verre ardent doit attirer la lumiére plus que les bords, on n'a pas prétendu que Neuton l'eût dit ; mais on a seulement conclu de ses principes qu'il falloit que cela fût, ou que ses principes seroient faux. Cependant il vous plaît de dire, ,, on s'imagine, par ,, exemple, que dans un verre ardent le mi-,, lieu doit attirer plus que les bords, & que ,, c'est par cette raison que les rayons de lu-,, miére, selon Neuton, se rassemblent au ,, foyer d'un verre.

N'avez-vous pas dit, après Neuton, qu'une des loix de l'attraction est d'agir dans tous les corps en raison directe de leurs masses ? Qu'un corps, par exemple, qui a dix fois

plus

plus de masse qu'un autre attire, a la même distance, dix fois plus que lui ? Or, selon vous, la lumière est attirée par le verre ; celui qui est convexe a plus de masse vers son milieu que vers ses bords : donc c'est par ce milieu qu'il doit être le plus attirant ; ou bien il n'est pas vrai que les corps attirent en raison directe de leurs masses. Voilà ce qu'il falloit tâcher de concilier, & ne point affecter de croire qu'on *s'est imaginé que c'est par cette raison que les rayons de lumière, selon Neuton, se rassemblent au foyer d'un verre ardent.* On ne vous a dit cela que comme une suite ridicule de l'attraction, à laquelle vous attribuez la refraction. En effet, si l'attraction étoit la cause de la réfraction, & que son action dépendît des masses, un verre lenticulaire devroit être plus attirant, & par conséquent, plus refractant vers son milieu que vers ses bords, par cela seul que l'attraction y agit avec plus de force.

On pourroit ajouter que, selon vos principes, un pied cube de verre refracteroit davantage la lumière qu'un autre cube d'un pouce, de même matière ; & qu'un rayon refracté dans celui-cy pourroit s'y briser & se détourner en tout sens par l'approche du cristal d'un pied, qui agiroit sur la lumière brisée dans celui d'un pouce, à peu-près, comme une pièce de fer agit sur une aiguille aimantée qu'on lui présente.

A 2   Aussi

Aussi léger dans votre seconde réponse que dans la premiere, vous vous contentez de nous dire, » on croit que chez Neuton la lu- » miere ne vient du Soleil fur la terre, que » parce que la terre l'attire de trente - trois » millions de lieues. »

Mais jamais personne n'a cru cela; c'est même ce que l'on a toujours combattu. C'est bien à la vérité ce que l'on a déduit du sistême de de Neuton, & ce qui résulte necessairement de ses hypoteses; & par-là on a démontré combien sa doctrine étoit éloignée de la vérité & contraire à elle-même. Voici donc ce qu'on vous a dit, & ce à quoi vous ne répondez rien.

La lumiere est un corps pesant : selon vous la pesanteur est un effet de l'attraction, & le Soleil est le centre de cette attraction commune à tous les corps ; puisque vous dites que tout gravite vers lui. De là on a conclu que si le Soleil faisoit graviter toute la matiere, la lumiere seroit d'autant plus assujettie à son pouvoir, qu'elle est proche de lui; or comme elle le touche (puisqu'elle en fait partie) & que, dans votre sistême, l'attraction agit au point de contact en raison inverse des cubes des distances & plus encore, il seroit impossible, dans votre hypotese de l'émanation de la lumiere (supposé en même tems l'existence de l'attraction dans le Soleil) qu'il en parvint aucune particule jusqu'à nous : elle seroit en-
tierement

tierement arrêtée par le Soleil, & nous ne verrions pas en plein midi. M. Bannieres vous a démontré cette conséquence.

Mais fuppofons que la lumiere foit arrivée du Soleil à la moitié du chemin de la terre : alors la lumiere également éloignée de deux puiffances, qui, felon Neuton, agiffent en raifon directe de leurs maffes, retombera néceffairement dans le Soleil, puifqu'il eft deux cens cinquante mille fois plus maffif que la terre. D'où l'on a conclu que le fiftême de l'émanation eft une chimere, & qu'on ne peut être Philofophe & n'y pas renoncer, ou tout au moins à l'attraction ; puifque ces deux hypotefes font inalliables.

Cependant Neuton ne reconnoît dans la nature, pour principe de la pefanteur, que l'attraction, il en bannit même toute autre caufe ; & malgré le pouvoir attractif qu'il donne au Soleil, il en fait échaper & venir la lumiere jufqu'à nous : elle n'y vient donc, a-t-on dit, que parce que la terre l'attire ? Mais dans ce cas il faut abandonner toutes les loix de l'attraction ; fon pouvoir en raifon des maffes eft anéanti ; fon action en raifon inverfe des quarrés & des cubes des diftances eft renverfée, & cette Philofophie qu'on prétend fi bien *fondée fur l'expérience & le calcul*, devient un cahos d'hypotefes arbitraires & d'opinions contradictoires.

Vous femble-t-il, Monfieur, après cela que
nous

nous avons *crû* l'émanation de la lumiere du corps du Soleil comme vous le fuppofez, & que nous nous foyons *imaginé* que fa chûte de trente-trois millions de lieuës étoit un effet de l'attraction de la terre ? Trouvez-vous enfin que nous nous foyons *imaginé* quelque chofe en refutant fi folidement les imaginations Neutoniennes ?

Il falloit répondre à l'argument, & vous le deviez, vous qui vous donnez pour l'interprete de Neuton & pour notre guide *dans un monde inconnu*; mais felon vous nous avons pris le change, nous avons *crû* .... Ingénieufe défaite !

» Il est très-aifé de concevoir, dites-vous,
» comment le Soleil nous envoye fes rayons
» fi rapidement ; il faut fonger feulement ce
» que c'est qu'un tel globe enflamé, qui
» tourne fur fon axe quatre fois plus rapide-
» ment que la terre. »

L'émanation de la lumiere dans ce fens feroit un effet de la force centrifuge ; mais il est démontré que cette force est excessivement moindre que la force centripete ; puifque celle-ci est plus de cinquante mille fois plus grande que celle-là ; ce qui est très-aifé à vérifier par le calcul. Donc la force centrifuge n'est nullement la caufe de l'émanation de la lumiere.

Mais fuppofons que ces deux forces foient égales, & que la force centrifuge foit exactement

ment contrebalancée par la force centripete, c'est-à-dire, selon vous, par une attraction qui arrête & retient toutes les parties d'un corps, qui se meut dans une courbe. Alors ces deux puissances se tenant en équilibre, aucune particule de lumiere ne parviendroit jusqu'à nous ; aucune ne pouvant surmonter sa tendance vers le centre par sa tendance à s'en échaper. Donc la rapidité du mouvement de rotation du Soleil sur son axe ne fait rien à l'émission de la lumiere.

Supposons néanmoins (pour vous donner plus beau jeu) que la force centripete soit nulle dans le Soleil, & que la lumiere s'en échape réellement. En ce cas la force centrifuge peut nous envoyer la lumiere de deux façons ; 1°. En agissant sur elle suivant la direction des rayons qui partiroient du centre du Soleil ; 2°. Suivant la direction des tangentes de cet Astre.

Si c'est de la premiere maniere, comme vous paroissez le croire, (a) il est démontré qu'une particule de lumiere qui ne s'échaperoit du Soleil qu'en conséquence de la force centrifuge, seroit un tems infini à parcourir le moindre espace fini. Comment donc cette

---

(a) M. de Voltaire dit page 21 de ses *Elemens*, édition de Londres, ,, qu'il faut toujours considerer les rayons du ,, Soleil comme des lignes partant du centre à la circon- ,, ference ,,

particule arriveroit-elle à nous en sept ou huit minutes de tems ?

Si vous aimez mieux que la force centrifuge nous envoye la lumiere suivant des tangentes ; comme cette force, en ce cas, est finie, voyons quelle elle est.

Le Soleil fait une révolution sur son axe en vingt-cinq jours & demi environ : donc une particule de lumiere attachée à son équateur doit faire la même révolution dans le même tems. Mais qu'elle s'en détache & qu'elle s'échape vers nous par une tangente ; ce sera avec la même force & la même vîtesse ; qu'elle avoit étant attachée à l'équateur du Soleil ; puisque celui-ci ne peut lui imprimer que son action : elle parcourra donc en vingt-cinq jours & demi environ, en suivant la tangente, un espace égal à la circonference de l'équateur du Soleil. Si vous vouliez vous donner la peine de faire ce petit calcul, je pense que vous trouveriez qu'en vingt-cinq jours & demi la lumiere parcourroit, en nombres ronds 900000 lieuës ; ce qui seroit bien différent des 33000000 de lieuës qu'elle doit parcourir en sept ou huit minutes, selon vous.

J'ajoute

J'ajoute à cela que si la lumière nous venoit par des tangentes, nous ne verrions qu'une très-petite partie du Soleil. Car soit S le Soleil & T la Terre, vous trouverez que toutes les tangentes possibles qui viendroient du soleil à la terre seroient renfermées dans l'espace A B : donc nous ne verrions que cet espace, qui, dans le So-

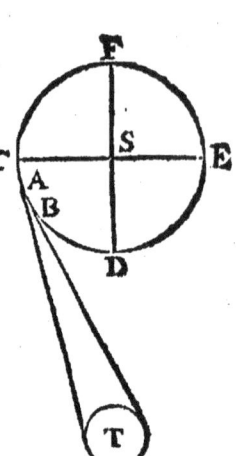

leil, ne seroit presque qu'un point, eu égard à sa distance de la terre, & à la petitesse de celle-ci.

Je prévois que vous allez me répondre, que la surface du Soleil n'étant pas exactement unie ; mais au contraire composée d'inégalités, de montagnes, de valons, la lumière nous vient en suivant les tangentes des courbes qui forment ces inégalités ; & qu'en ce cas, ces tangentes sont en plus grand nombre & plus dispersées que si la surface du Soleil étoit unie. Je conviens avec vous que cela peut être ; mais je vous défie que vous puissiez, par ce subterfuge, me faire voir plus d'un quart du Soleil, plus de la moitié C D de sa partie orientale F C D ; le reste me sera nécessairement caché, aucune tangente ne pouvant s'en échaper vers la terre.

Je

Je ne vois donc point d'autre expedient, auquel vous puissiez recourir pour expliquer l'émanation, que l'explosion, si tant est cependant qu'elle puisse avoir lieu dans le sistême de M. Neuton. Voici comment il s'explique dans son optique. (*a*)

Les planettes sont dans des milieux d'autant plus denses, qu'elles sont plus éloignées du Soleil ; en sorte que le milieu dans lequel est celui-ci est de tous le plus rare ; cette rareté est même progressive jusqu'à son centre. C'est par cette raison, dit ce Philosophe, que les planettes sont poussées par explosion vers le Soleil, en obéïssant au milieu le plus dense pour s'avancer vers le plus rare. Or dans ce sens l'explosion ne sçauroit chasser la lumiere vers nous ; puisqu'elle sortiroit d'un milieu plus rare pour passer dans un milieu d'autant plus dense, qu'il seroit plus éloigné du Soleil.

C'est-là-dessus, Monsieur, que nous attendons des éclaircissemens de votre part ; vous les donnerez sans doute dans un écrit complet ; car pour votre petite Brochure, nous la regardons moins comme une réponse, que comme un essai pour prendre date, avec le Public, d'une réponse en forme que vous lui préparez. Jusqu'à ce tems-là vous nous permetterez de penser que l'émanation de la

---

(*a*) Pag. 520. de la seconde édition Françoise.

lumiere

lumiere est une opinion d'autant plus chimerique, qu'elle manque par les mêmes étais dont vous avez tâché de l'apuyer.

Vous continuez à peu-près sur le même ton, & plus Grammairien que Philosophe, vous glissez légerement sur la question, & vous prouvez en Maître de l'art, que ces expressions, *la lumiere se réflechit du sein du vuide*, sont très-françoises. Mais jamais personne n'a pensé à chicanner avec vous sur les termes, & ce n'est point du tout de quoi il s'agit.

Vous avez dit en vingt endroits de vos Elemens, sans aucune modification, que *la lumiere se réflechit du vuide*. A-t-on pû prendre le change sur une telle proposition ? Et vous imaginez-vous de bonne foi, que votre long discours nous persuadera que *nous avons lû ces mots par hazard*, que nous les avons pris à contre-sens ? Foible ressource en vérité, & qui vous sauvant de l'absurdité de ce paradoxe, auroit fait reprocher le défaut de clarté à votre Livre, défaut que vous dites, en vous applaudissant, que personne ne lui a reproché.

Il falloit donc, sans vous attacher à des termes, & sans prétendre qu'on ne vous a point entendu, éclaircir le fait ; faire voir le faux des argumens qu'on vous a proposés ; entrer en matiere & la discuter ; mais les assertions sans preuves, les mots de *démonstration*

&

& *d'évidence* indistinctement hazardés vous ont plû davantage.

Cependant honteux de ne rien répondre du tout, vous nous dites enfin, „ que tout ce „ qu'un Lecteur qui ne veut point chicanner „ devoit comprendre, c'est que la lumiere qui „ rejaillit du vuide, en rejaillit, parce que „ le corps voisin exerce une force quelcon- „ que sur elle. „

Mais n'est-ce pas-là ce qu'on appelle du galimatias ? La lumiere rejaillit du vuide, ou parce que le vuide en est la cause, ou parce qu'un certain pouvoir attaché au corps la repousse ; si c'est ce pouvoir, comme vous nous le dites, qu'a donc affaire le vuide dans la réflexion de la lumiere ? Pourquoi ne pas dire simplement, la lumiere se réflechit parce que les corps exercent une certaine force sur elle ? Mais il auroit fallu abandonner le vuide, & la honte de se dédire vous a fait confondre habilement le vuide avec le pouvoir du corps voisin, pour en faire des deux, le sujet & la cause de la réflexion. De pareils subterfuges, Monsieur, ne vont point à un Philosophe, qui doit être vrai, simple, recevoir la vérité de bonne foi, & l'enseigner sans équivoque.

Selon vous la lumiere réflechit du vuide, parce que *le corps voisin exerce une certaine force sur elle*. Dans ce sens tous les Philosophes, ceux par exemple qui attribuent la réflexion aux parties solides des corps, pourront dire,

comme

comme vous ; que *la lumiere se reflechit du vuide*, parce que les parties solides des corps la repoussent ; ne se moqueroit-on pas d'eux s'ils s'exprimoient de la sorte ?

Convenez, Monsieur, que le vuide n'entre pour rien dans votre explication, qu'il n'y est que pour sauver les apparences, & que vous l'abandonnez enfin, pour lui substituer une *force quelconque* attachée au *corps voisin*. Mais encore qu'elle est cette force ? C'est ce qu'il vous plaît de nous cacher, & ce que vous n'osez définir, craignant, prudemment, de donner de nouvelles prises sur vous. Heureusement que nous avons la clef des énigmes Neutoniennes, & qu'un seul mot suffit pour les résoudre toutes ! Enfin voici l'attraction changée en repulsion. Le même pouvoir qui attire à la surface du verre, renvoye la lumiere loin de cette même surface, pour en former une image sur notre retive ; ou bien (ce qui est aussi ridicule) cette surface a en même tems une vertu attractive & une autre repulsive. Mais si ces deux forces sont égales, à laquelle des deux obéïra la lumiere ? Elle doit rester dans une sorte d'équilibre, elle ne doit être ni attirée, ni réflechie ; de même qu'une aiguille, à laquelle on présente tout à la fois les poles antagonistes de deux aimans également puissans, ne tend pas plus à s'éloigner, ou à s'approcher de l'un que de l'autre. C'est ainsi que la lumiere n'obéïra ni

à

à l'attraction, ni à la repulsion. Que si de ces deux forces l'une est plus puissante que l'autre, alors il n'est point douteux que la lumiere cedera à l'action la plus forte; le verre la transmettra, ou la reflechira toute, étant indifférente d'elle-même à la transmission & à la réflexion. Il n'y eut donc jamais de supposition plus arbitraire, plus contradictoire, plus chimerique, que celle de ces pouvoirs attractifs & repulsifs, & c'est perdre le tems que de combattre une pareille allegation.

Il étoit assez inutile, Monsieur, que vous proposassiez une seconde fois votre problême d'optique, nous l'avions parfaitement compris; il n'est point d'Opticien qui n'en ait senti la difficulté, & personne n'a *pris l'accessoire pour le principal*. On n'a pas *fait semblant de croire* que vous vous vantiez d'avoir trouvé la trisection de l'angle; mais on a dit, que si la difference de l'angle formée dans l'œiul étoit proportionnelle à la distance des objets, la trisection de l'angle seroit trouvée; or c'est ce qui n'est pas: donc votre proportion sur la diminution proportionnelle des angles dans l'œuil n'est pas géometriquement vraie. Voilà ce qu'on a prétendu vous faire voir. Toute la faute vient qu'accoutumé à faire de beaux vers, vous avez crû qu'en Géometrie on pouvoit être un peu Poëte. Cependant nous voulons bien vous le passer à la priere du P. Castel;

Caſtel ; vous pourriez, dit-il, (*a*) n'étant pas *Géometre de profeſſion vous être trompé ſur des matieres ſi délicates*, & il faudroit vous paſſer quelque choſe. Cependant comment le P. Caſtel ſuppoſe-t-il que vous ignorez les plus ſimples notions, les premieres vérités de la Géometrie Elementaire ?

» Quelle révolution (dites-vous pag. 6.)
» dans les opinions des hommes ! La Philo-
» ſophie de Deſcartes *fut proſcrite en France,*
» tandis qu'elle avoit l'apparence de la vérité,
» & que ſes hipotéſes ingénieuſes n'étoient
» point encore démenties par l'expérience, &
» aujourd'hui que nos yeux nous démontrent
» ſes erreurs, il ne ſera pas permis de les
» abandonner ? »

Comment l'entendez-vous, Monſieur ? Quoi la Philoſophie de Deſcartes a été *proſcrite en France* ? Je ſçai que lorſqu'elle parut, les vils Péripateticiens cherchérent à la proſcrire ; ils firent ce que font tous les hommes préoccupés qu'on veut faire changer d'opinions. Leurs dogmes dépourvûs de bon ſens étoient des préjugés d'autant plus difficiles à vaincre, que l'habitude tranquille de raiſonner ſur des idées vuides & folles, leur avoit fait acquerir une ſorte de preſcription. Ils combattirent donc contre la vérité pour la défenſe de leurs

---

(*a*) Memoire pour ſervir à l'Hiſtoire des Sciences & des Arts, &c. Octobre 1739.

erreurs ;

erreurs ; mais avec quelles armes ? Vous le sçavez avec des qualités occultes, des formes, des vertus sympathiques, antipatiques, &c. Cependant Descartes les éclaira, & sortant peu à peu de leur cahos Philosophique, ils quitterent l'erreur pour se livrer à la saine Physique ; voilà comment elle fut *proscrite en France*. Comment avec des armes plus foibles encore que les leurs, venez-vous aujourd'hui l'attaquer ? Le pitoyable vuide assûrément n'y fera rien ; & la chimerique attraction, qu'on pourroit nommer le Cameléon de la Philosophie Neutonienne, ne pourra jamais ébranler notre méchanisme, qui est la base de toute Physique. Aureste par quelle experience le Cartesianisme est-il donc anéanti ? Où sont les démonstrations des erreurs de Descartes ? Elles ne sont pas dans votre Livre.

Fondez-vous ces prétenduës démonstrations des erreurs de Descartes sur le rapport de Boërhaave ? Si vous jugiez un peu des choses par vous-même vous seriez moins sujet à vous tromper. Votre trop grande confiance en quelques Auteurs que vous avez lû & crû aveuglement, vous a dicté votre Philosophie ; c'est elle qui vous a fait donner à Snellius, sur le rapport de Hugueus, ce qui appartenoit à Descartes : c'est ce que M. Bannieres a bien prouvé dans son Livre. Mais soit que ce soit Descartes qui a le premier trouvé *la raison constante des sinus d'incidence aux angles de refraction*,

refraction, que nous importe ; cela n'a qu'un rapport très-éloigné avec la Philosophie, & je suis persuadé que M. Bannieres vous auroit passé cette méprise, sans votre acharnement contre Descartes, que vous avez pris à tache de rabaisser en tout point, pour en faire un parallele plus avantageux avec ceux dont vous vous êtes déclaré le partisan.

Si Boërhaave trouve tant de différence entre la Géometrie de Descartes & la Physique, c'est que ces matieres ne sont pas susceptibles de la même évidence ; c'est le sens de ses paroles, *on cherche Descartes dans Descartes*, c'est-à-dire, on ne trouve pas le plus grand Géometre qui ait jamais paru, dans un Physicien qui s'est quelquefois trompé dans les détails. Mais, Monsieur, est-il digne d'un Philosophe de s'apuyer sur l'autorité ? C'est comme si on vouloit juger du mérite de Baile, de Despreaux, de la Fontaine, de Rousseau, sur ce que vous en dites dans votre Temple du Goût. Ne seroit-ce pas un jugement bien motivé & bien solide ? Après tout qu'est-ce que le Chimiste Boërhaave, tout estimable qu'il est, auprès de l'Illustre Descartes ?

Vous prétendez, Monsieur, que vos Censeurs sont tombés dans une *étrange contradiction* ; » d'un côté, dites-vous, ils s'imaginent » que la terre attire, selon Neuton, la lu- » miere de la substance du Soleil ; ce qui est » ridicule. De l'autre ils ne peuvent conce-
» voir

» voir, comment Neuton admet l'émiſſion
» de la lumiere de la ſubſtance du Soleil ; ce
» qui eſt pourtant *fort aiſé à comprendre.* » Il
falloit donc le faire comprendre à votre Lecteur, ou plûtôt commencer par le comprendre vous-même, ce qui n'eſt pas ſi *aiſé* que
vous le dites.

Il y auroit en effet de la contradiction, ſi
l'on s'étoit réellement imaginé que la terre
attire la lumiere ; mais qui eſt-ce qui l'a jamais dit ſérieuſement ? Ne voyez-vous pas,
Monſieur, qu'on a ſeulement prétendu faire
ſentir le ridicule de l'attraction ? Toute cette
prétendue contradiction, que vous ſuppoſez,
ſe réduit à ceci. Si l'attraction avoit lieu dans
la nature, la lumiere ſeroit attirée par la terre;
puiſqu'elle y vient du Soleil, ſelon vous ; or
elle n'y eſt point attirée : donc l'attraction
n'exiſte point, & je ne conçois pas l'émiſſion
de la lumiere dans le ſiſtême de Neuton.
Qu'y a-t-il de contradictoire dans cet argument ? Avant d'avoir droit de mépriſer une
objection il la faut concevoir.

Je vous ai fait voir que l'émanation de la
lumiere, que vous dites *ſi aiſée à comprendre*,
ne peut pas être une ſuite de la rapidité du
mouvement du Soleil, ni un effet de la force
centrifuge : il faut vous prouver que rien n'eſt
plus imaginaire que cette opinion, ni plus
oppoſé au ſiſtême de Neuton.

Un inſtant d'émanation éclaire toute la nature,

ture, & dans cet inſtant l'Univers eſt plein de particules de lumiere ; mais combien d'inſtans ſe ſont écoulés depuis la création du Soleil ? Où a pû ſe placer cètte lumiere ? Comment peut-elle encore venir à nous à travers d'un plein de trente-trois millions de lieuës ? Car la premiere émanation n'a point été anéantie ; la ſeconde s'y eſt jointe, & ainſi ſucceſſivement juſqu'aujourd'hui. Eſt-ce-là le vuide Neutonien, Monſieur, ou la lumiere de Deſcartes toujours répanduë dans la nature ? Vous auriez grand beſoin ici de l'attraction, pour faire repomper au Soleil cet excès d'émanation ; il répareroit par ce moyen toutes ſes pertes, & vous répondriez d'abord & ſans peine, que quoique les ſeuls rayons qui tombent ſur la terre en un jour, montent ſelon le calcul de M. Bannieres, à *cent quarante quatre mille fois mille millions de livres*, le Soleil n'auroit rien perdu de ſa maſſe.

Le calcul de M. Bannieres eſt, dites-vous, fondé ſur une ſuppoſition ; *il évalue le poids d'un rayon à mille livres peſant*. En voici un autre fondé ſur un fait inconteſtable.

La lumiere eſt peſante, vous en convenez ; & l'expérience nous apprend que quatre onces de Régule d'Antimoine expoſées pendant une heure au miroir du Palais Royal, augmentent d'un dixiéme, c'eſt-à-dire, de trois *gros* & quelque choſe de plus ; mais pour mettre tout à votre avantage, que cette augmentation ne soit que de deux *gros*, & que la surface du miroir soit de neuf pieds.

Puisque quatre onces de Régule d'Antimoine sont augmentées de deux *gros* par la lumiere reflechie d'un miroir de neuf pieds, il s'ensuit qu'une surface de neuf pieds reçoit, en une heure, des cones de lumiere, dont la pesanteur est de deux *gros* : donc une surface d'une toise, qui, étant de trente-six pieds, est quadruple de celle de neuf doit recevoir en une heure huit *gros*, ou une once de lumiere : donc un hemisphere de la terre reçoit, en une heure, autant d'onces de lumiere que sa surface contient de toises quarrées ; mais cette surface contient en nombres ronds 77333208750000 toises : donc elle reçoit autant d'onces de lumiere, qui, réduites en livres, valent 4833325546875 livres. Combien donc en recevroit-elle en un jour si l'émanation de la lumiere avoit lieu dans la nature ? A quoi seroit réduite la masse du Soleil depuis sa création, s'il faisoit de pareilles émissions de toutes parts ?

Vous semble-t-il, Monsieur, qu'on peut ˮ traiter *d'énorme absurdité* ce que les Neuˮ tons, les Keils, les Muschenbroecks, les ˮ s. Gravesandes,&c. & de très-grands Philosoˮ phes François croyent si bien prouvé ? ˮ Vous devriez bien nous rapporter quelques unes de leurs preuves ; mais je vous défie qu'aucune

démontre

démontre l'émanation de la lumiere : tout ce qu'elles peuvent, c'eſt de prouver que l'action imprimée par le Soleil au vehicule de la lumiere, eſt ſept ou huit minutes à ſe faire ſentir à nos yeux. D'ailleurs je ne ſçaurois m'imaginer que ces Philoſophes François, réellement celebres, ſoient Neutoniens de bonne foi ; ils le ſont par un air de ſingularité, ils ont voulu eſſayer leur credit ſur les eſprits & voir juſqu'où va la credulité du public lorſqu'il eſt conduit par la prévention.

Qui ne ſoupçonnera pas, dites-vous, » qu'un flambeau qui éclaire tout d'un coup » une lieuë de Pays, envoye des parties de » flamme à une lieuë à l'entour ? » Suffit-il de *ſoupçonner* pour être convaincu ? Qui ne ſoupçonnera pas auſſi que le Soleil ſe meut autour de nous ? Eſt-il démontré pour cela que la terre eſt immobile au centre de l'Univers ?

Je remarque ici que, lorſque vous faites infléchir la lumiere auprès d'une lame d'acier, la concavité de la courbe que décrit cette lumiere regarde le corps attirant. Un inſtant après, quand il s'agit de la refraction, cette courbe ſe trace en ſens contraire, c'eſt-à-dire, que ſa convexité eſt tournée vers le corps refractant ; tandis que dans vos *Elemens* vous enſeignez tout le contraire, tant par le diſcours, que par les figures. J'aime mieux croire que vous êtes en contradiction avec votre graveur qu'avec vous-même ; c'eſt ſur quoi nous

nous attendons un petit éclaircissement de votre part. Car le même pouvoir qui fait infléchir la lumiere la refracte, selon vous ; ainsi dans l'un & l'autre cas, ses rayons doivent tracer la même courbe & en même sens.

Vous supposez dans une objection que vous faites contre l'expansion actuelle de la matiere lumineuse de Descartes, qu'elle est plus *pressée pendant une éclipse centrale de Soleil*, qu'en tout autre tems. Au contraire c'est alors qu'elle est le moins pressée ; car la Lune, recevant l'action imprimée au vehicule de la lumiere interposé entre elle & le Soleil, refléchit ce vehicule, qui, ne communiquant point son action à celui qui est entre nous & la Lune, fait que celui-ci n'a d'autre mouvement que celui que la Lune lui imprime ; or l'experience nous démontre que la pression de la Lune ne suffit pas pour exciter en nous la sensation de la lumiere ; d'ailleurs pour que cela soit il faut qu'elle soit pressée à coups redoublés par un mouvement de vibration que la Lune n'a pas : donc le fluide lumineux peut toujours être répandu dans l'espace, & ne produire qu'une foible lueur pendant une éclipse centrale de Soleil.

C'est au contraire dans le sistême de l'émanation qu'il n'y auroit jamais d'éclipses de Soleil, comme vous l'a prouvé M. Bannieres, par la comparaison d'une riviere, qui se partage

tage à la rencontre d'un obstacle, de l'éperon d'un pont, par exemple, derriere lequel elle se réunit & continue son cours sans laisser aucun espace à sec. Il n'en est pas de même si la lumiere est répandue par tout : car dans ce cas on doit la considerer comme un fluide stagnant. Or si l'on jette un corps quelconque dans un fluide tranquille, qui n'est déterminé par aucun courant, il est d'expérience que les ondulations occasionnées par la chûte de ce corps, venant à rencontrer un obstacle, discontinuent de se faire circulairement ; elles s'étendent en courbe sans passer au-delà de l'obstacle, & le fluide qui est derriere ne participe nullement à ces ondulations. C'est ainsi que la Lune, dans le sistême de Descartes, empêche la lumiere mise en mouvement par le Soleil, de se réunir au-delà d'elle, & d'imprimer son action au fluide lumineux directement interposé entre elle & nous.

Tout cela mériteroit bien, ce semble, une petite discussion de votre part ; nous l'attendons avec beaucoup d'impatience, sur-tout qu'elle soit détaillée, pensez que vous n'écrivez pas pour des Sçavans, que nous n'entendons point à demi-mot, & que ce que vous avez crû jusqu'ici à la portée de tout le monde, n'est point encore à la mienne. Enfin faites qu'il ne nous reste point de scrupule, nous cesserons de vous consulter, & vous vous épargnerez la peine de nous répondre.

B 4　　　　　　Vous

Vous attaquez ici le fiſtême de M. Bannieres fur la lumiere. Il pourroit bien, à la vérité, être défectueux, quoique fondé fur les opinions de M. de Mairan : cependant les conjectures de cet Illuſtre Academicien mériteroient bien, avant que de les rejetter, qu'on les examinât plus férieuſement que vous n'avez fait. On veut nous perſuader (*a*) que celles de Neuton fur la chûte des Comettes dans le Soleil, pour en réparer les pertes, méritent quelqu'attention. Pourquoi celles de M. de Mairan n'auroient-elles pas le même droit ? Elles font au moins appuyées par l'exemple de certains corps, qui ont effectivement des Athmoſpheres; aulieu que Neuton a ſimplement conjecturé, ou pour mieux dire, inventé cette chûte des Comettes dans le Soleil, ſans qu'il eut la moindre apparence qui rendît ſon doute vraiſemblable.

Enfin, ſelon vous, Neuton n'a point fait de fiſtême, & vous voulez qu'on le croye ſur ſa parole; *» hippoteſes non fingo*, dit-il à la fin » de ſes principes Mathematiques. » La belle preuve qu'il n'en a point faites en Phyſique ? C'eſt donc vous, Monſieur, & ſes Sectateurs, qui lui prêtez toutes celles qu'on voit dans vos Ecrits ? Mais il n'y a qu'à ouvrir les ſiens, ils fourmillent des mêmes opinions que vous

---

(*a*) Madame la Marquiſe du Chaſtellet dans ſon Mémoire ſur la nature & la propagation du feu.

nous

nous rendez ; avec cette différence néanmoins, que vous réalisez très-souvent ce qu'il n'a fait que supposer. Par exemple, parce qu'il a dit que, pour que la loi de Kepler fût observée, il faudroit que les Planettes se mûssent comme si elles étoient dans le vuide, vous avez conclu hardiment qu'elles s'y meuvent, & qu'il y a du vuide ; ainsi de beaucoup d'autres qu'il seroit trop long de rapporter ici.

Vous voulez donc que nous croyions que le même vuide, qui transmet & qui reflechit la lumiere par des accès, que vous appellez, sans raison, tantôt *de facile*, tantôt de difficile *transmission* ; *accès* qui ne portent sur aucun fondement, & dont la cause est une vraie qualité occulte, ne soit par une hypotese ? Vous voulez que des *attractions centrales*, des *attractions superficielles*, des *attractions de distance & de contact*, qui se changent en repulsion au besoin, qui agissent *en raison des masses* sur certains corps, & qui n'ont nul pouvoir sur d'autres, ne soient pas de pures suppositions ? Enfin vous voulez que ces attractions toujours variées & souvent contradictoires, ausquelles Neuton fait faire mille tours de passe-passe, surtout pour expliquer les operations chimiques (*a*) ne soient pas des imaginations de sa façon ? Que sont-elles donc, une loi de

───────

(*a*) Troisiéme Partie de l'Optique de Neuton, seconde Edition Françoise.

la nature ? Mais y trouve-t-on cette harmonie, cette liaison constante d'une cause toujours proportionnée à ses effets ? En un mot, cette uniformité qui caractérise un principe ? Tout au contraire, chaque Phenomene, faisant obéïr l'attraction, la modifie suivant le besoin qu'il en a, & toute votre Physique devient un amas de cas particuliers, qui n'ont nulle liaison entre eux, n'ayant point de rapport commun avec leur cause prétenduë, qui n'a rien d'un principe que son nom; vous l'appellez, à la vérité, constamment & à tous propos attraction. De quel front après cela osez-vous nous reprocher les hypotheses ? Descartes en fit-il jamais d'aussi mal concertées ? Fut-il jamais réduit (pour consiller ses principes avec les Phénomenes) à supposer gratuitement, comme vous faites, un noyau spherique au centre de la terre, plus dense que le reste de ce globe ? tandis que dans la Planette de Jupiter, c'est à l'équateur que vous donnez ce plus de densité. Cependant c'est à un assemblage d'idées aussi bisarres que celles-là, qu'il vous plaît de donner le nom de *Physique admirable*, qui n'est fondée que sur les *faits & sur le calcul*, qui rejette toute *hypotese, & qui par conséquent est la seule Physique véritable*.

Si vous aviez commencé votre réponse par où vous la finissez, vous vous seriez, dit-on, épargné bien de la peine. La toute-Puissance

de

de Dieu est un principe simple ; generalement reçû & incontestablement applicable à tous les Phénomenes qui s'operent dans la nature. En y recourant on trouve des réponses sans repliques, & toujours une cause primordiale ; mais rien ne s'explique, & toute la Physique devient un mystere de foi. C'est aussi par-là que vous vous sauvez du reproche qu'on fait à Neuton & à ses Sectateurs *d'admettre des qualités immaterielles dans la matiere*, qui sont telles, dites-vous, parce qu'elles *sont des effets de la volonté libre de l'Etre suprême*. Dans ce sens on peut dire que tout est immateriel, jusqu'à la matiere même ; puisqu'elle *est un effet de la volonté libre de l'Etre suprême*. On ne doit plus être surpris après cela qu'on ose dire *que le feu n'est ni esprit ni matiere*, (a) & bientôt on nous dira que la matiere pense ; car tous ces *attributs primordiaux* que vous lui donnez, sont, dans vos Ecrits, comme autant de degrés qui semblent conduire à cette opinion.

Quoi qu'il en soit votre méthode de philosopher fait un parfait parallele avec le Peripatetisme, & vous avez raison de dire, qu'une telle Philosophie, met plus qu'aucune autre, *l'homme sous la main de Dieu* ; mais en reconnoissant les bornes de vos connoissances, vous limitez extrêmement le pouvoir du Créateur,

---

(*a*) Madame la Marquise du Chastellet.

qui, dans votre sistême, n'a pas pû assujetir à la même loi, des Phénomenes qui devroient, ce semble, dans l'ordre de sa toute-puissance, ne dépendre que d'une seule & même cause. Descartes a bien observé cette liaison entre ses principes & les Phénomenes, & si son sistême n'est pas le vrai, il est au moins admirable en ce que les voyes qu'il a suivies n'ont rien qui répugne à celles qu'il a plû à Dieu de tenir dans la création de l'Univers. C'est tout ce que peut un Philosophe.

Je ne sçai si ces réflexions ne désabuseront pas le Public ; sur qui vous prétendez que les vôtres ont déja fait quelqu'impression : J'espere au moins que ceux sur qui les préjugés ne font rien, suspendront leur jugement jusqu'à votre réponse. J'ai l'honneur d'être en l'attendant,

MONSIEUR,

Votre très-humble
serviteur,

REMARQUE

DE L'AUTEUR DES LEÇONS DE PHYSIQUE,

Sur la *Réponse à toutes les objections principales*, &c. Pag. 4. *Eclaircissement*.

M. le Poëte Voltaire qui, sans contredit, devroit mieux sentir l'énergie des Figures de Rethorique que de celles de Géometrie, fait voir en cet endroit qu'il ne pénétre le sens ni des unes ni des autres. Dites-lui donc de ma part, M. si vous le jugez à propos, que selon toutes les régles de la Trigonometrie, qu'on ne doit pas au moins ignorer quand on se mêle de parler de Physique, & qu'on s'érige en Censeur de tout l'Univers sur ce point ; que bien loin que l'image d'une Tour vûë de 500 pas peinte au fond de l'œil, soit 10 fois, 9 fois, 8 fois, 7 fois, 6 fois, 5 fois, 4 fois, 3 fois, 2 fois, une fois, un 10e de fois, un 100e de fois, un 1000e de fois, &c. plus grande que l'image de la même Tour vûë de 5000 pas la différence de la grandeur de ces deux images est absolument insensible ; & que ces deux images étant posées l'une sur l'autre, la premiere ne déborderoit pas la seconde de l'épaisseur de la 100e partie du diametre d'un cheveu.

Que par conséquent on n'a point *été injuste* : qu'on n'a point *pris l'accessoire pour le principal* : qu'on n'a point *jetté un ridicule sur l'expression*, lorsqu'on a répondu à ses invectives insensées contre le P. Malebranche & contre tous les Sçavans de l'Europe, dont il n'a pas épousé le parti : que pour son honneur il doit enfin cesser de *dire que personne n'a répondu*, *d'oser dire que personne ne pourra jamais répondre à son argument*. Avertissez-le charitablement qu'il devroit plûtôt cesser de répeter sans fin, comme un Echô, une foule de mots dont on voit à découvert qu'il n'entend précisément que le son des syllabes ; & que quand on entreprend d'imiter Fontenelle, il ne suffit pas d'être Poëte, il faut de plus sçavoir ce qu'il sçait.

www.ingramcontent.com/pod-product-compliance
Lightning Source LLC
Chambersburg PA
CBHW060604050426
42451CB00011B/2065